CONOCE LOS CICLOS

CADENAS Y REDES ALIMENTARIAS

BRAY JACOBSON
TRADUCIDO POR ALBERTO JIMÉNEZ

Gareth Stevens
PUBLISHING

ENCONTEXTO

Please visit our website, www.garethstevens.com. For a free color catalog of all our high-quality books, call toll free 1-800-542-2595 or fax 1-877-542-2596.

Library of Congress Cataloging-in-Publication Data

Names: Jacobson, Bray, author.
Title: Cadenas y redes alimentarias / Bray Jacobson.
Description: New York : Gareth Stevens Publishing, [2020] | Series: Conoce los ciclos de la naturaleza | Includes index.
Identifiers: LCCN 2018039603| ISBN 9781538243718 (paperback) | ISBN 9781538243732 (library bound) | ISBN 9781538243725 (6 pack)
Subjects: LCSH: Food chains (Ecology)—Juvenile literature.
Classification: LCC QH541.15.F66 J34 2020 | DDC 577/.16—dc23
LC record available at https://lccn.loc.gov/2018039603

First Edition

Published in 2020 by
Gareth Stevens Publishing
111 East 14th Street, Suite 349
New York, NY 10003

Copyright © 2020 Gareth Stevens Publishing

Translator: Alberto Jiménez
Editor, Spanish: María Cristina Brusca
Designer: Sarah Liddell

Photo credits: Cover, p. 1 (main) MZPHOTO.CZ/Shutterstock.com; cover, p. 1 (inset) Rudmer Zwerver/Shutterstock.com; arrow background used throughout Inka1/Shutterstock.com; p. 5 Igorsky/Shutterstock.com; p. 7 irin-k/Shutterstock.com; p. 9 Paul Reeves Photography/Shutterstock.com; p. 11 (background) Rich Carey/Shutterstock.com; pp. 11 (food chain), 25 NoPainNoGain/Shutterstock.com; p. 13 Tony Baggett/Shutterstock.com; pp. 15, 21, 25, 30 (background) ismed_photography_SS/Shutterstock.com; p. 15 (food chain) Colin Hayes/Shutterstock.com; p. 17 Andrew Astbury/Shutterstock.com; p. 19 alinabel/Shutterstock.com; p. 21 (food web) snapgalleria/Shutterstock.com; p. 23 Derrick Hamrick/imageBROKER/Getty Images; p. 27 Warut Prathaksithorn/Shutterstock.com; p. 29 ugurhan/E+/Getty Images; p. 30 (food web) Vecton/Shutterstock.com.

All rights reserved. No part of this book may be reproduced in any form without permission in writing from the publisher, except by a reviewer.

Printed in the United States of America

CPSIA compliance information: Batch #CS19GS: For further information contact Gareth Stevens, New York, New York at 1-800-542-2595.

CONTENIDO

¡Todo está conectado!	4
En el nivel	6
La cadena principal	14
Pérdida de energía	16
En la red alimentaria	20
¿Un lugar para la gente?	28
Red alimentaria de zonas boscosas	30
Glosario	31
Para más información	32
Índice	32

Las palabras del glosario se muestran en **negrita** la primera vez que aparecen en el texto.

¡TODO ESTÁ CONECTADO!

Todos los seres u organismos vivos de un ecosistema están conectados. Los organismos tienen **relaciones** alimentarias (**tróficas**) entre unos y otros, ya sean depredadores, presas o plantas. Las cadenas alimentarias al igual que las redes alimentarias son dos de las formas en que los científicos representan estas relaciones.

SI QUIERES SABER MÁS

Un ecosistema es todo lo vivo y lo no vivo que se encuentra en un lugar, incluyendo animales, plantas e incluso el agua y las rocas.

EN EL NIVEL

En las cadenas y redes alimentarias, los organismos se agrupan en niveles tróficos o de alimentación. Los productores suelen ser el primer nivel. No comen otros organismos. Los productores hacen sus propios alimentos. La mayoría son autótrofos, lo que significa que obtienen sus propios alimentos mediante **fotosíntesis**.

SI QUIERES SABER MÁS

Los productores comunes incluyen pastos, plantas con flores, **algas** y algunos tipos de bacterias.

Los consumidores comen otros organismos. Los animales del segundo nivel trófico suelen llamarse *consumidores primarios* porque se alimentan de productores. Los consumidores primarios son, por lo general, herbívoros, lo que significa que solo comen plantas. Otros consumidores pueden alimentarse de algas o bacterias.

SI QUIERES SABER MÁS

A los consumidores también se les llama heterótrofos.

¡Los consumidores secundarios son animales que se comen a los consumidores primarios! Suelen ser carnívoros, o comedores de carne. Los consumidores terciarios se comen a los secundarios y también pueden comer primarios. ¡También hay niveles más altos que comen cualquier animal que esté por debajo de ellos en la cadena alimentaria!

SI QUIERES SABER MÁS

Los superpredadores son animales que no tienen enemigos naturales. Se encuentran en los niveles más altos de la cadena o de la red alimentaria de un ecosistema.

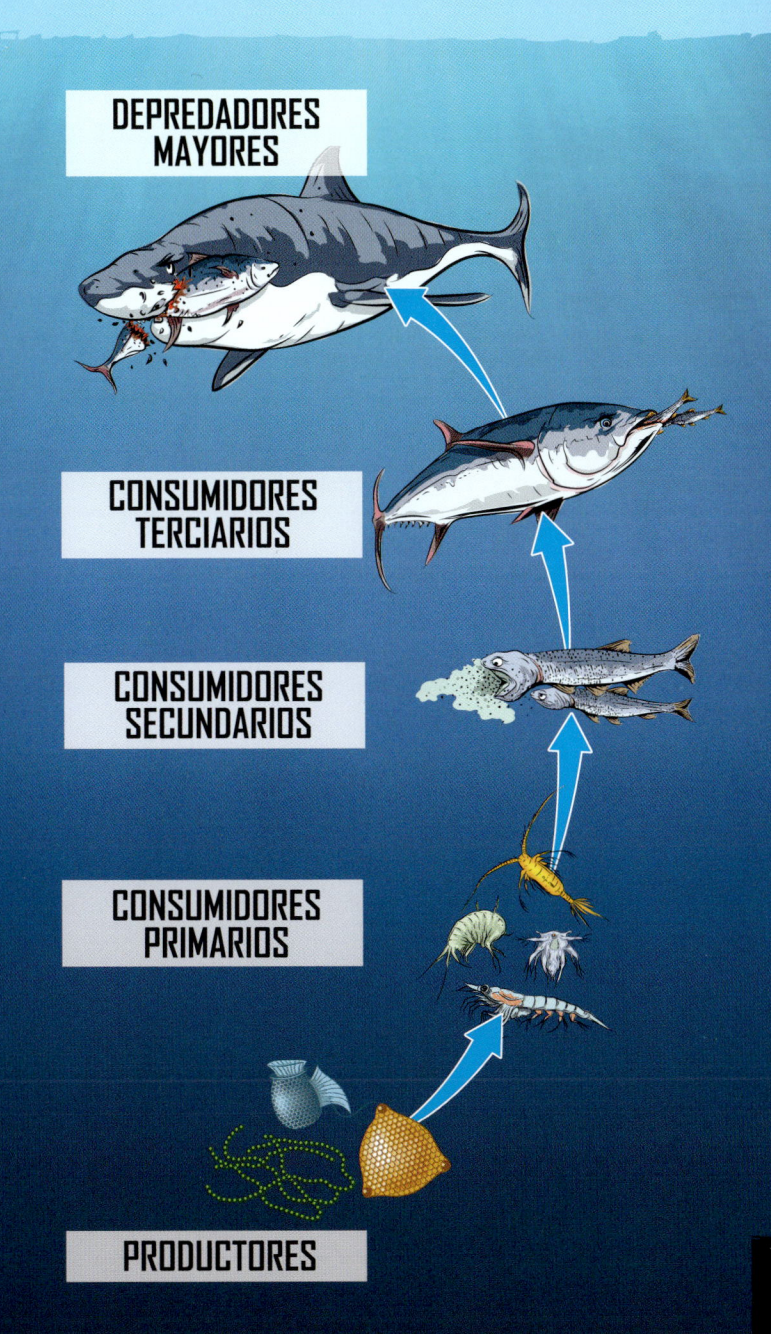

DEPREDADORES MAYORES

CONSUMIDORES TERCIARIOS

CONSUMIDORES SECUNDARIOS

CONSUMIDORES PRIMARIOS

PRODUCTORES

Los descomponedores son parte importante de todos los ecosistemas, pero no suelen aparecer en las cadenas ni en las redes alimentarias.

Los descomponedores comen la materia de los productores y consumidores muertos. ¡Los descomponen en **nutrientes**, que vuelven al suelo para que los productores los utilicen!

SI QUIERES SABER MÁS

Los descomponedores comunes son las bacterias y los hongos, así como algunos insectos, babosas y gusanos. ¡Reciclan naturalmente la materia de un ecosistema!

LA CADENA PRINCIPAL

Las cadenas alimentarias o tróficas muestran cómo la energía y los nutrientes se desplazan a través de los seres vivos mientras comen y son comidos por otros seres. Las flechas entre las imágenes de cada organismo muestran la dirección en que se mueven la energía y los nutrientes. La mayoría de las cadenas alimentarias comienzan en los productores.

SI QUIERES SABER MÁS

Algunas cadenas comienzan con la materia muerta de los productores y los consumidores. Luego, muestran descomponedores y detritívoros, consumidores que comen materia muerta.

15

PÉRDIDA DE ENERGÍA

Parte de lo que comen los organismos no puede ser **digerido** y deja el cuerpo en forma de desecho. Esto se debe a que los seres vivos utilizan la mayor parte de la energía que obtienen para mantenerse vivos. No mucha de esta energía se conserva en su biomasa o cuerpo. ¡Su cuerpo es lo que come el consumidor del siguiente nivel!

SI QUIERES SABER MÁS

Parte de lo que comen los organismos no puede ser digerido y sale del cuerpo como desecho. La energía de esa materia se pierde. No se usa ni se almacena en el cuerpo.

¡Solamente alrededor del 10% de la energía que pasa a un determinado nivel trófico llega a los consumidores por encima de él! Así, el tamaño de las cadenas y de las redes alimentarias alcanza un límite. Por eso, también hay menos consumidores en la cima, en el nivel superior de una cadena o red alimentaria.

SI QUIERES SABER MÁS

La mayoría de las cadenas o redes alimentarias solo alcanzan cuatro niveles tróficos.

EN LA RED ALIMENTARIA

Las relaciones de alimentación, es decir, las relaciones tróficas, en un ecosistema no son **lineales**, como muestra una cadena alimentaria. ¡Están interconectadas! Un animal puede formar parte de muchas cadenas; una red presenta las relaciones tróficas entre todos los miembros de un ecosistema.

SI QUIERES SABER MÁS

Las flechas de una red alimentaria apuntan desde un organismo al animal que se lo come. ¡Un organismo puede tener muchas flechas apuntando o alejándose de él!

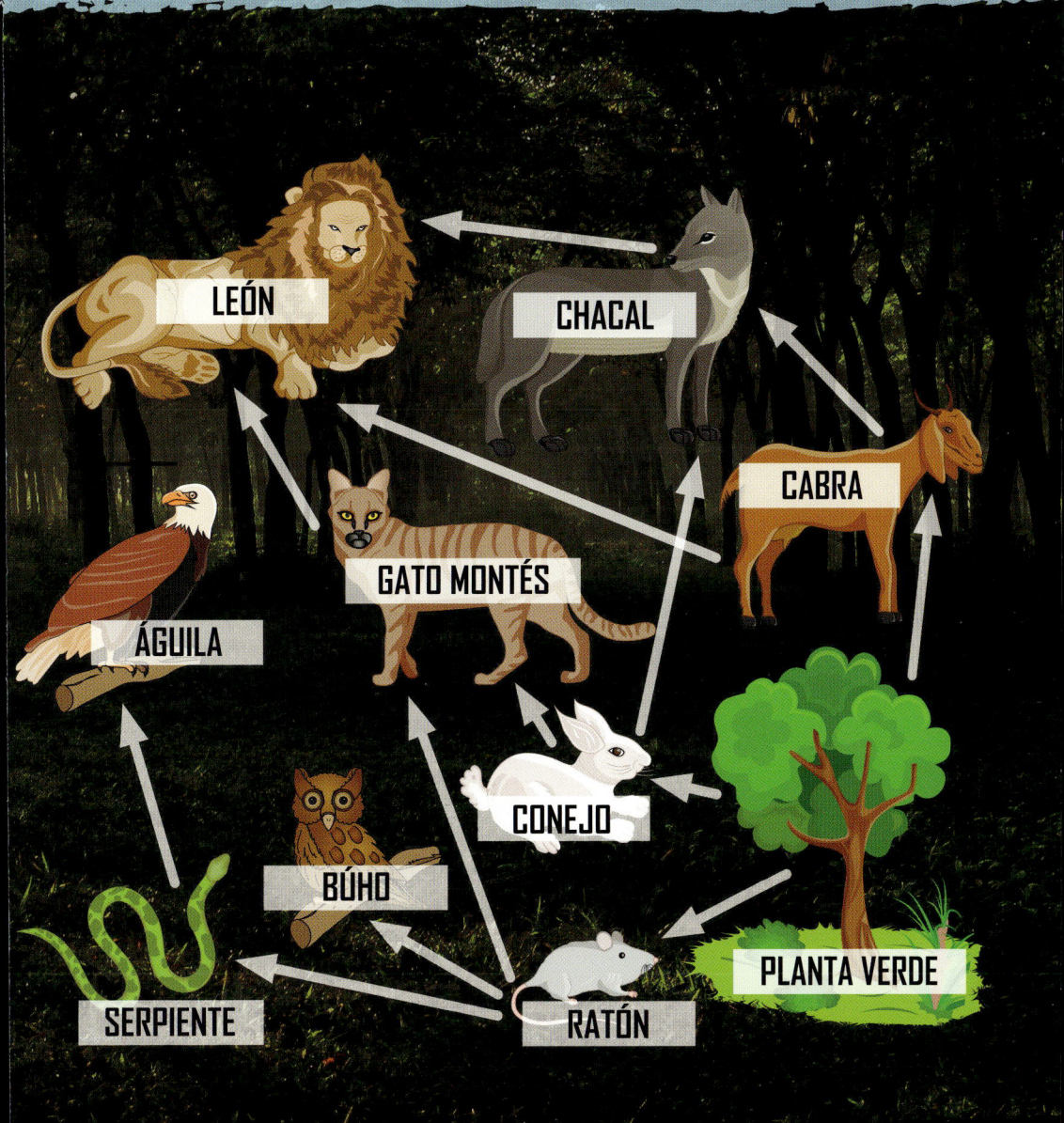

LEÓN
CHACAL
CABRA
GATO MONTÉS
ÁGUILA
CONEJO
BÚHO
PLANTA VERDE
SERPIENTE
RATÓN

Las redes de alimentación o tróficas muestran que algunos consumidores como los terciarios, por ejemplo, los halcones, comen serpientes, que son consumidores secundarios. Pero los halcones también comen conejos, que son consumidores primarios. ¡Las serpientes son igualmente comedoras de conejos!

SI QUIERES SABER MÁS

¡Los descomponedores participan en la cadena alimentaria en cada nivel trófico! Destruyen a los productores y consumidores cuando mueren, sin importar lo que comieron en vida.

23

Algunas relaciones de alimentación son más fuertes que otras. Cuando un organismo es la fuente principal de alimento de otro se trata de una relación fuerte. Cuando un organismo es una fuente **ocasional** de alimento para otro estamos entonces ante una relación más débil.

SI QUIERES SABER MÁS

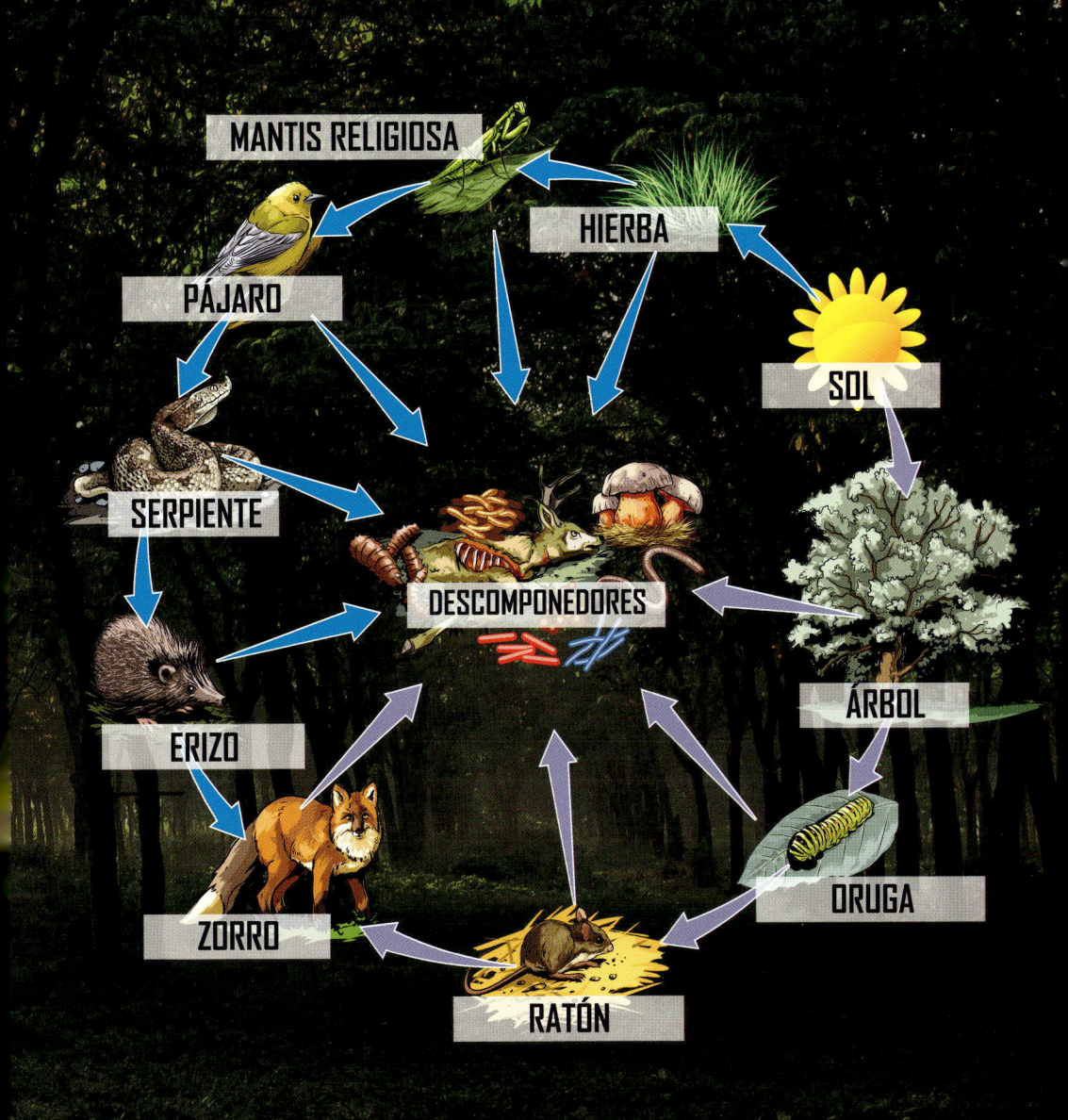

Las relaciones tróficas (alimentarias) son muy parecidas a una red. Pero esa no es la única forma en que los científicos las representan.

25

Las redes alimentarias pueden ayudar a estudiar el efecto que las relaciones de alimentacion tienen en la **población** de organismos. Pueden mostrar qué organismos **compiten** por cierto tipo de alimentos y también pueden indicar qué animales son depredadores y cuáles son presas.

SI QUIERES SABER MÁS

Cuando un organismo depende de un determinado alimento, su población disminuye al desaparecer ese alimento. Esto es más probable que ocurra si dos organismos compiten por el mismo recurso alimentario.

¿UN LUGAR PARA LA GENTE?

Cada ecosistema tiene su propia cadena y su propia red. Pueden ser simples y mostrar solo unas pocas relaciones de alimentación, o bien ¡pueden ser lo suficientemente **complejas** como para mostrar muchas! Las personas también forman parte de la cadena alimentaria. ¿Dónde crees que se ubican?

SI QUIERES SABER MÁS

Para que los ecosistemas sean saludables, necesitan equilibrio entre productores, consumidores y descomponedores.

RED ALIMENTARIA DE ZONAS BOSCOSAS

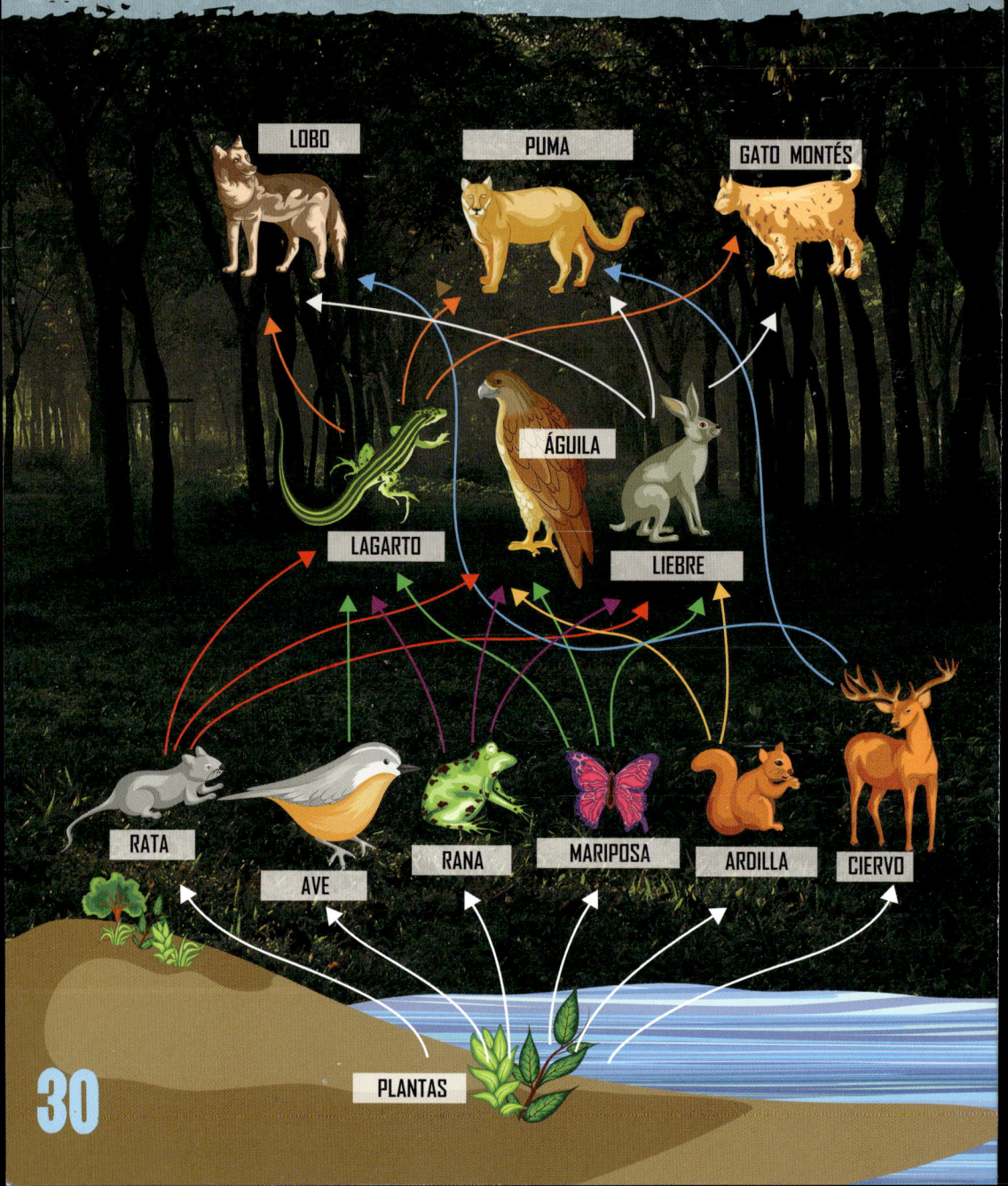

GLOSARIO

algas: seres vivos similares a plantas que se encuentran principalmente en el agua.

competir: intentar ser mejor o tener más éxito que otro ser de cualquier tipo.

complejo: que tiene muchas partes con distintas relaciones entre ellas.

digerir: deshacer los alimentos en el interior del cuerpo para que este pueda utilizarlos.

fotosíntesis: proceso por el cual algunos seres vivos convierten el agua y el dióxido de carbono en alimento cuando se exponen a la luz.

lineal: sucesión ordenada.

nutriente: algo imprescindible para que un ser vivo pueda vivir.

ocasional: que ocurre o se hace alguna vez, pero no con frecuencia.

población: número de animales de la misma especie que vive en un determinado lugar.

relación: conexión con otro ser viviente.

trófico: lo relacionado con la alimentación.

PARA MÁS INFORMACIÓN

LIBROS

James, Emily. *Do Monkeys Eat Marshmallows?: A Question and Answer Book About Animal Diets*. North Mankato, MN: Capstone Press, 2017.

Pettiford, Rebecca. *Rain Forest Food Chains: Who Eats What?* Minneapolis, MN: Pogo, 2016.

SITIOS DE INTERNET

Build a Food Chain
www.cserc.org/sierra-fun/games/build-food-chain/
Comprueba tus conocimientos sobre las cadenas y redes alimentarias.

The Food Chain
jmgkids.us/kids-zone/jmgkidsweb/natures-web/
Repasa las partes de una cadena alimentaria. Página de actividades.

Nota del editor para educadores y padres: nuestro personal especializado ha revisado cuidadosamente estos sitios web para asegurarse de que sean apropiados para los estudiantes. Muchos sitios web cambian con frecuencia, por lo que no podemos garantizar que posteriores contenidos que se suban a esas páginas cumplan con nuestros estándares de calidad y valor educativo. Tengan presente que se debe supervisar cuidadosamente a los estudiantes siempre que tengan acceso al Internet.

ÍNDICE

consumidores, 8, 9, 10, 11, 12, 15, 16, 18, 22, 23, 29
descomponedores, 12, 13, 15, 23, 25, 29
ecosistemas, 4, 5, 11, 12, 13, 20, 28, 29
energía, 14, 16, 17, 18
niveles tróficos, 6, 8, 18, 19, 23
nutrientes, 12, 14, 31
productores, 6, 7, 8, 11, 12, 14, 15, 23, 29
relaciones tróficas, 4, 20, 24, 25, 26, 28